A CONTRA VIENTO

A CONTRA VIENTO

Ernesto Díaz-Rodríguez

Order this book online at www.trafford.com
or email orders@trafford.com

Most Trafford titles are also available at major online book retailers.

Author Credits: Dr. Scott Roberts, Scott Roberts Photography,
                 www.ScottRobertsPhoto.com

Printed in the United States of America.

ISBN: 978-1-4269-6025-3 (sc)
ISBN: 978-1-4269-6026-0 (hc)
ISBN: 978-1-4269-6027-7 (e)

Library of Congress Control Number: 2011903449

Trafford rev. 04/14/2011

 www.trafford.com

North America & International
toll-free: 1 888 232 4444 (USA & Canada)
phone: 250 383 6864 ♦ fax: 812 355 4082

RECONOCIMIENTO

Mi gratitud al Dr. Scott Roberts, que trabajó
con afán y admirable persistencia en el significante
diseño de la portada de "A contra viento".
El Autor

RECONOCIMIENTO

Mi justa admiración a Zoé Valdés, por su maravillosa sensibilidad humana y por su obra literaria de alcance universal.

Mi reconocimiento y gratitud por la transparencia de las palabras con que ha querido presentar al lector mi creación poética, en este nuevo poemario escrito en símbolo de amor y libertad, a pesar de las rejas, en las prisiones del régimen comunista de Cuba.

Ernesto Díaz-Rodríguez

LIBERTAD Y VIDA EN LA POESÍA DE ERNESTO DÍAZ RODRÍGUEZ.

Zoé Valdés.

Cuando Ernesto Díaz-Rodríguez escribió el poema *Escribo para ti* lo hacía sin duda alguna para una persona en específico, pero como todo gran poema, esa persona se diluye en la voracidad de todo lector por sentirse reconocido e incluido, de manera que esa persona para la que fue destinado el poema somos -transformados gracias a la emoción poética- todos aquellos lectores penetrados por la intimidad y el amor que entrañan esos versos.

La poesía de Ernesto Díaz Rodríguez siempre me impactó, fue la razón por la que lo seleccioné para la Antología publicada en Francia por Gallimard y la FNAC, titulada *Censuré à Cuba*. En aquella ocasión, en la que me tocó dirigir la publicación, no se trataba sólo de publicar poetas censurados en Cuba, encarcelados por el castrismo, además debían ser grandes poetas. Ernesto Díaz Rodríguez lo es sin duda alguna. Porque sólo un gran poeta puede hacernos olvidar en la eternidad de un instante que el hombre que escribe esos poemas no se encontraba en una celda tapiada cuando su mente entretejía las metáforas que luego aparecerían en sus diminutos (por tamaño) libros extraídos clandestinamente de la prisión.

Su poesía no es la del hombre que se queja febril y tenebroso de su propia suerte, o la del rencoroso que condena sin cesar la crueldad de una dictadura. Su poesía es, sencillamente, la de un hombre libre que ama la libertad y la vida. La de un hombre, un justiciero, que recuerda paisajes, calles, momentos entrañables del pasado, avizora el futuro, pronuncia fragmentos amorosos junto al cuerpo de la amada, la acaricia mientras escribe, absolutamente concentrado en el deseo, el amor, el goce, la verdad de aquel cuerpo, y que explora la vida abrazado a la melodía que sólo la libertad engendra. Por eso anuncia de antemano que:

Esta noche escribo para ti.
No importa donde estés
ni que una gruesa pared
se interponga
entre tu almohada y la mía…

Y nadie podría ni siquiera sospechar que esa distancia es la que impone una dictadura entre un hombre que extraña y evoca a un ser querido, y que la gruesa pared no es otra que la de la celda, y que las almohadas de los amantes no se hallan a pocos pasos, sino más bien a kilómetros de distancia, separados por el dolor, las humillaciones, las vejaciones a las que ha sido condenado el autor de esos versos.

Ernesto Díaz Rodríguez fue condenado a 40 años de cárcel en una prisión castrista, cumplió 22. Atesora el prestigio de haber sido un Preso Plantado, forma parte de aquellos héroes que se negaron a vestir durante todo el tiempo de su reclusión la vestimenta de preso común. Fue torturado y presenció las torturas con las que quisieron doblegar a sus compañeros, además hubo de ser testigo del asesinato de algunos de ellos por parte de los verdugos del régimen de Fidel y Raúl Castro.

De este infortunio nos enteramos cuando leemos el *curriculum vitae* de Ernesto Díaz Rodríguez y por el testimonio de sus escritos, artículos, etc. Sin embargo, su poesía va más allá de ser la de un hombre apresado en la desgracia, en la injusticia, en la pena; insisto en que no he leído nunca antes una obra semejante, tan hermosa, tan libre, tan agradecida, tan fiel a la vida y a la belleza de la poesía misma, y del lenguaje.

Prueba de ello es la poesía infantil también escrita en la cárcel, y una gran cantidad de poemas de este libro, *A contra viento*, que con tanto gusto y honor he querido prologar. No todos los poemas que aquí leerán los lectores nacieron en medio del horror, algunos fueron también escritos una vez que el autor se encontró en tierra de libertad, en su ya largo exilio. Eso es importante, sin duda alguna, pero no definitorio, no asimilaremos la diferencia como un sello impuesto por su condición de víctima; porque este poemario, como su título lo indica, va *A contra viento* del castigo, del dolor, de la soledad, del martirio, del crimen. La belleza, la elocuencia, la filosofía que se desgranan en esta obra reside precisamente en que todo por lo que el autor debió pasar sirvió exclusivamente para que lo hicieran mejor poeta, mejor persona, mejor hombre, mejor amante.

Sin olvidar, desde luego, que Ernesto Díaz Rodríguez sigue y seguirá siendo, uno de los más grandes poetas comprometidos con la libertad de Cuba de todos los tiempos:

> Me han borrado la luz que cae herida
> al fondo del estanque,
> el canto subversivo de la palma,
> el manantial,
> la ubérrima esperanza.
> Pero aún me atrevo a escribir en las paredes
> el verso clandestino,
> la frase prohibida,
> en franca desnudez de la palabra.

LA POESÍA EN FUNCIÓN DE LA LIBERTAD

Soy un hombre de paz. Pero soy también una persona humana sensibilizada con el sufrimiento de mi pueblo. Por eso cuando me tocó asumir una firme actitud para defender la libertad que en nuestro país nos había sido arrebatada, no vacilé en empuñar un fusil contra quienes nos habían robado el derecho a ser libres. Por entonces no quedaban muchas opciones. Fidel Castro había impuesto, amparado en la violencia y en las armas una dictadura militar tan aniquiladora que anulaba toda posibilidad de un retorno pacífico a un sistema de gobierno democrático. El tiempo nos dio la razón. Más de 50 años de feroz tiranía me hacen pensar que los Castro no abandonarán el poder hasta tanto ese pueblo infeliz no junte su ansias y sus brazos y se lance masivamente a las calles a exigir su libertad. La libertad de todos los cubanos.

No tengo razones para arrepentirme de mi lucha frontal contra los que robaron a mi pueblo la felicidad, contra los que les impusieron cadenas a sus sueños y anudaron su presente y su futuro de una forma miserable. Lo hice en cumplimiento de una responsabilidad histórica que me exigía la conciencia y lo haría mil veces más si fuese necesario. Mas una serie de inevitables circunstancias, entre ellas las limitaciones propias de un ensañado y prolongado cautiverio, me llevaron a cambiar mi oxidado fusil por la espada simbólica del poema, no como una alternativa de simple rebeldía, sino como una mágica fórmula de vivir libre entre rejas y de continuar sirviendo con amor y pasión a la causa de la libertad de Cuba.

La poesía es arma poderosa cuando se alza frente a la injusticia o en función de una causa humanitaria. Cuando despojada de miedo, para defender un derecho da su pecho desnudo a la verdad, y en el ojo del viento gira desafiante, dando luz y calor como una vigorosa estrella.

Amo la poesía por muchas razones. Pero por encima de todo por la transparencia y ternura con que envuelve nuestras ideas. Y porque los versos que uno escribe son como ríos caudalosos que corren por nuestras arterias, oxigenándonos el alma y alimentando nuestro corazón de hermosas fantasías.

Es este poemario que hoy pongo con humildad y sano orgullo en vuestras manos un canto a la libertad, a pesar de las rejas; un canto al amor, a la fe y a la esperanza. Fue escrita su primera parte en 1985, en la tenebrosa prisión de Boniato, y es un libro compuesto por poemas que alimentaron mi espíritu y lo atrincheraron para resistir las peores adversidades. No fue hasta unos tres años más tarde que, en la paz de un ensueño revitalizado, entretejidos sus poemas en "Las olas de cristal" le fueron engarzados los que componen su segunda mitad. Son éstos como gotas de rocío en las alas de una gaviota imaginada. Una gaviota azul, como las olas, que vuela a contra viento en busca de la libertad.

El Autor

Ridgefield, Connecticut
Febrero 4, 2011

Índice

Libertad y vida en la poesía de Ernesto Díaz Rodríguez

Libre entre rejas

Las olas de cristal

En las alas del viento

LIBRE ENTRE REJAS

A CONTRA VIENTO

Aquí todo tiene el color
del barro y el estiércol,
de las ratas que habitan las cloacas,
y los perros sin amo
y las maravillosas prostitutas
que orinan su miseria en el cáliz del alba.

No basta con asistir al entierro
de los cientos de ojos,
de los miles de orejas,
de los millones de centímetros de piel
magníficamente trasquilada:
hay que llegar al centro mismo del naufragio,
beber, al menos,
un sorbo gris de este insoluble vino
que nos inunda la garganta,
para llegar a comprender
porqué se navega a contra viento.

LA ELÍPTICA DEL BARRO

De un empujón pasamos
de la pólvora al espasmo,
y de la noche a la mañana nos molieron la piel
los cenicientos lagartos camuflados.

No sé si era noviembre
la espuela que caía al sur del tiempo.

La aurora comenzaba a rasgarse la garganta
con los afilados arrecifes
(desde la alcantarilla,
muchos años después,
millones de ratas nauseabundas
atisbaban la luz hecha jirones).

Mi ciudad se moría calle adentro
en sus cuatrocientos puntos cardinales.
Los álamos retorcían sus raíces
hasta taladrar el asfalto.
El moho de los espejos
absorbía la sombra de los flamboyanes.

Muy pronto aprendimos
el valor de las constelaciones,
la curva del zodíaco,
a descifrar las escrituras de los náufragos.

La brújula indicaba un derrotero único…
algunos prefirieron la elíptica del barro.

BÚSQUEDA

No basta con saber que existe el hombre
en toda la extensión de la palabra,
ni todos los secretos transversales
(del cosmos a la selva,
del átomo a la ojiva,
del párpado a la oreja).

Yo quiero conocer un mundo de albas,
de ninfas y olivares,
partido exactamente en dos instantes
(como la nuez y el beso),
sin latitudes, ni riberas,
ni náufragos,
ni rosa de los vientos.

¿Quién va a enseñarme en realidad
dónde empieza a tejer el arco iris
su música de escarchas?
¿Dónde aprender el fino tacto
de las aves migratorias?
¿Cómo apreciar en todo su esplendor
la luz que va de las raíces
más remotas de la tierra
al centro irreducible del océano,
el hechizo del sándalo,
la tímida tersura de la nieve?

Trenza el crepúsculo la tarde
nacarada de hierros y poemas.
(He puesto el filo tenue de mis nervios
a cincelar el cuarzo de otros tiempos).

REAFIRMACIÓN

Voy a romper el junco que estrangula a la tarde.
Ya no resisto más este silencio
de relojes torcidos,
ni las alucinantes carcajadas de los pájaros.

De moscas me han pintado las paredes
y en los cuatro rincones de la sombra
acechan las cenizas de la araña.

Tengo derecho a hablar con las luciérnagas
y los saltamontes.
Claro que reconozco el precio,
y me dispongo a empujar con mi garganta
el poema que escapa
por las grietas de la madrugada.

(No sólo de rocío vive el lago).

Es necesario reafirmar la existencia del ópalo,
el paso de los astros por el meridiano.

DESTINO

Mi voz se pierde bajo el ala
dc una paloma negra;
la han fundido a un metal indescifrable
en medio del desierto;
la han condenado al óxido de cuarenta calendarios.

Pero mi voz es más que eso:
es el reverso del crepúsculo,
la brizna que se asoma por el ojo de la piedra,
el salto del salmón en la cascada.

Mi voz es el espacio clausurado,
la calle innominada,
el perro perseguido
(por ser perro a destiempo).

Pero mi voz es más que eso:
es el destino inaplazable
que me empuja
más allá del instante del poema.

VIVENCIAS

Me han zurcido las sienes
y los labios
con el óxido gris de los mendigos.
Pero aún me atrevo a sonreír
-casi con sorna-
a estirar el jergón y las amarras,
a olvidarme del tiempo,
a hacer y deshacer el equipaje.
Me atrevo a dar el golpe necesario
por todas las ausencias
(con nombre y apellidos desdoblados).

Me han borrado la luz que cae herida
al fondo del estanque,
el canto subversivo de la palma,
el manantial,
la ubérrima esperanza.
Pero aún me atrevo a escribir en las paredes
el verso clandestino,
la frase prohibida,
en franca desnudez de la palabra.

Me atrevo también,
de vez en cuando,
a mirarme en el limbo del espejo,
a encogerme de hombros,
a bostezar ante la hoja retorcida
que pare el almanaque entre mis manos.

Me han poblado de cactos la garganta,
sin girasoles, ni camelias,
ni cromos que fecunden la mañana.

Pero aún me estiro… me destrenzo…
y cuando estallo,
me atrevo a dar el golpe sorpresivo
con mi pecho desnudo como un ascua.

ELEGÍA POR EL ARZOBISPO ROMERO

San José, 25 de marzo. (PL)
El arzobispo de San Salvador, monseñor Oscar
Arnulfo Romero, oficiaba una misa en la capilla
del Hospital de la Divina Providencia, en la capital
salvadoreña, en la tarde de ayer, cuando recibió un
disparo mortal hecho por uno de los cuatro hombres
armados que irrumpieron en el lugar.

(La entrega al deber es un imperativo que la historia exige*).

No importa que estemos en Madrid,
en el mástil olímpico del Everest
o el eje equidistante del Sahara,
si al menos tenuemente recordamos
las cinco consonantes del "apartheid",
las filosas alambradas de Auschwitz
y La Habana,
las bocas desconchadas por el hambre.

La vida nos exige un mínimo de entrega,
un hálito de luz, que justifique
que somos diferentes al mármol,
a la pata entumecida del flamenco,
al gato que copula en el tejado.

No importa que estemos en Los Ángeles,
en Brasilia,
en Shangai,
o en la grieta más oscura de una cárcel,
si crispamos el puño con violencia
y sentimos vergüenza

cuando un loco arremete contra un niño
o dispara su odio
en una iglesia de San Salvador.

....

(Un verso de silencio por el alma del arzobispo
Oscar Arnulfo Romero, despojado de todas sus miserias
por los cuatro jinetes del Apocalipsis).

* Palabras pronunciadas por el Arzobispo Oscar Arnulfo Romero
durante su última prédica.

ÉXODO

"El comunismo es el paraíso en la tierra"
-Ernesto Cardenal-

(A los diez mil cubanos que en la primavera
de 1980 saltaron los muros de la embajada
del Perú, en La Habana,
huyendo del paraíso comunista).

El hombre de metal abrió su mano salitrosa
y contempló las huellas afiladas,
como queriendo interpretar
los signos de su instante;
sumó hasta el infinito los alambres
que atravesaban las gargantas
en apretadas espirales;
contó los panes, las bocas, los ombligos;
multiplicó la sed de los zapatos,
la sed de los oídos y los labios…,
y luego sonrió verticalmente.
(No llegó a imaginar en su delirio
que una vez más se había equivocado).
Después habló a las multitudes
en un idioma híbrido
hasta agotar el último adjetivo que
"computadóricamente" había programado.

Pero ya el esquilmado rebaño
no comprendía aquel lenguaje de sílabas viscosas,
indefinidas, enigmáticas en los cinco sentidos.
Esta vez las orejas se orientaban
hacia la punta nacarada del estambre.

Algunos dicen que era Viernes Santo
y un aire enrarecido caracoleaba por las calles.

Las tímidas gacelas estiraron sus patas
sobre la tierra descuerada.
Iban escurridizas, agonizantes.
Primero fueron diez. Luego … ya nadie
se ocupó de tabularlas en números exactos.

La manzana comenzaba a desconcharse
como pétalos gastados,
a abrirse en sutilísimas rodajas,
a destilar el vino purulento
de sus cuatro semillas y su tallo.
No había gaviotas en las playas,
ni guirnaldas azules germinando en los parques,
ni parques en el ojo incandescente del bosque.

Las primeras gacelas
treparon el muro de la sangre,
cruzaron el jardín, el filo del portal,
el pórtico del alba.

Ya casi oscurecía.
El zumbido arenoso de los abejorros
estremecía las raíces del mango.
Pastaban las ovejas al borde del camino.
La espiga del arroz emergía del pantano.

Abril…abril…abril…, era el eco
incandescente de los astros.
(Abril, y Viernes Santo).

Cuatrocientas gacelas balaban
al pie de la muralla.
Aún había luz en los cristales
cuando comenzaron a saltar,
de a veinte en fondo,
sobre los cuernos de Aries,
sobre la curva de la Hidra,

sobre la espuma rojiverde de los flamboyanes.

Los perros se desgañitaban ladrándoles a la luna.
Las alas vaporosas de la niebla
rozaban la cresta del almendro.
En la corteza de los árboles
fermentaba la miel de las hormigas.

Algunos dicen que era Viernes Santo.

…Y ya eran más de mil. Eran dos mil quinientas,
tres mil,…¡quién sabe cuántas!
Eran la uva exprimida y el fuego alimentado,
la codorniz, el vórtice del pozo,
el corcho a la deriva en el océano,
la espina de la ceiba, la torcaza.
Pero aún en las paredes rezaba: Viernes Santo.

Al fin la noche coaguló sus ovarios,
y fueron entonces seis mil a un solo tajo.
Seis mil gacelas con sus críos,
con sus hocicos retoñantes
lamiendo el zumo de la piedra,
el polen del granito, el tizne del asfalto.

La ciudad era una nuez de trigo partida en mil pedazos.
El musgo solferino de las azoteas sudaba su agonía
al meridiano.
En todas las esquinas, volutas de ceniza cubrían
el cepo galvánico del hambre.

Cuando los girasoles
apuntaron de nuevo con sus pétalos
hacia la faz del universo,
diez mil gacelas temblorosas
poblaban los jardines del levante.

Algunos dicen que era Viernes Santo.

RECOMPENSA

Bendícelo, Señor, por ese pan amargo
simbólicamente compartido,
por la felicidad de nuestros huérfanos,
por todos los labios sepultados.

Bendícelo por la tierra violada,
el cansancio del buey,
la ignorancia del asno,
la sangrante consigna envuelta en gasas.

Bendícelo, dale salud y vida,
mucha vida,
para que las generaciones venideras
puedan mirarle al rostro indiferentes
y escupir con amor
en justa recompensa.

ACTA FINAL

Mi ciudad era una inmensa cuchara coralina
donde se arrodillaban a roer su mendrugo
los rebaños de hormigas.
Tras veinte siglos de insomnios virginales
habían olvidado las mejores costumbres
y aún rezaban en cuclillas
al dios del labio vertical
(un dios con barbas imantadas
y garganta de ónix).

Un día, como suele ocurrir
en los cuentos de hadas,
alguien concluirá:
aquella boca intransferible
fue devorada por las hormigas mansas,
las barbas milagrosas se cubrieron de óxido;
luego se hicieron barro,
y polvo, y humo tenue…,
hasta que se desintegró su sombra
girando a contra viento en el ojo del tiempo.

ENTRE LA ESPADA Y LA PIEDRA

Entre la espada y la piedra está mi nombre,
clavado sobre un leño al borde del abismo,
náufrago en medio de la noche,
sin otra voz que el eco de la página ausente
y el agrio espejo de la almohada vacía.

Entre la espada y la piedra
también está tu nombre
(tu nombre, que es tan frágil como el mío),
están tu costillar y tu garganta,
y el nombre del otro que aún resiste.

No hablemos de la hermana,
que ha bebido del pozo el rancio vino;
no hablemos de la madre,
que ha gastado las suelas
sacudiéndonos el polvo de los hombros,
untándonos su miel en las heridas.
Nadie ha escapado al colmillo del zorro,
a la coz del onagro,
a la garra del gato enfurecido.

Las horas de mi infancia se han perdido
en el fondo de una gruta incendiada.
Se han fugado los parques
y el fruto azul del pan se ha puesto viejo…,
viejo como la mar y la montaña,
y la magra esperanza
que anda como el rocío
reptando entre las nubes a destiempo,
porque no quiere poner los pies sobre la tierra
y lamerse resignada el ombligo.

LA ÚLTIMA PÁGINA

Cayó la última página
a un costado del tiempo.
Mañana vendrán nuevos insectos
a trenzar con sus patas
las aceradas cuerdas de mi puerta.

Los pájaros se han ido con la tarde
y su alada ración de libertad
a soñar en las lianas del bosque.
Pero aquí todo sigue igual.
Nadie vendrá en la madrugada
a rozarnos la mano con sus dedos.
Estamos en tiempo de razón crucificada.
La campana del alba estalló a sotavento.

DÍA SIN FECHA

Hoy es 11 de noviembre en cada espejo.
Pero muy bien pudiera ser un día sin fecha:
aquí los almanaques tienen poco sentido.
Muchos han dicho
que la historia está pasando de moda
y que en la actualidad
el tañido de las viejas campanas
no sirve para nada.

Es 11 de noviembre en cada espejo
y ni a mí me interesa.
Aquí todas las cosas son de olvido;
el vino, de silencio y telarañas.

Alguien ha sentenciado
que las guitarras son armas ofensivas
y, lógicamente,
las nuestra han sido confiscadas.

Es 11 de noviembre y…,
bueno, quizás sólo mi madre se pregunte:
¿Cómo serán los 11 de noviembre
en las tapiadas de Boniato?

RELÁMPAGOS

La noche está podrida de relámpagos:
relámpagos de hambre, de silencio,
de grietas y más grietas en el pecho.

Llueve la soledad a cántaros;
la soledad, esa voluntariosa prostituta
que me obliga a poseerla a contrasueño.

La noche está podrida de relámpagos;
relámpagos de arena,
de hojarascas
que arañan las paredes
y hacen morder el cieno.

La voluntad, a veces falta
pero queda el instinto,
que te sacude el hombro
cuando el barro amenaza disolverte.

ALGO ES MEJOR QUE NADA

Bebe, bebe en la copa rota
que te han puesto los dioses en la mano.
Algo es mejor que nada.
No es la ración divina que apeteces,
pero no hay más, buen hombre,
y aquí no hemos venido a emborracharnos.

El vino ha madurado a destiempo
y la cántara está seca,
seca como la ubre
de un esquilmado cocotero.

Dicen que si la tierra se mojara
muchas ranas reventarían de alegría.

RAZÓN DESCONOCIDA

Algún día –pienso- dejaré de escribir
estos terribles jirones de mi pecho
que parecen no sé si alas deshechas
o simples harapos retorcidos.
Alas y harapos, en este caso
pudieran ser la misma cosa;
pudieran ser también
una áspera pared rozando mis costillas
las veinticuatro noches de una hora,
mil bocas arenosas bebiéndose mi sangre,
y mil gotas de sangre torturada
germinando en las grietas de los muros.

Algún día –pienso- dejaré de escribir
estos terribles arabescos
que van en espirales,
desconchados los bordes,
chorreando la resina de mis párpados,
el agua de mi voz y de mis venas,
la luz de la razón desconocida.

ESTADO DE ALERTA

Heme aquí respirando la luz grisácea
que se filtra por la cerradura de mi puerta,
casi insensible a todo,
acorralado como un gato negrísimo
en un rincón de espejos.

Cada segundo pare el bosque una hiena
y rebuznan medio millón de burros
en las calles más céntricas.
Y todo esto ocurre
a pesar del sudor de sus orejas.

Estamos en "estado de alerta"…,
por eso no resulta difícil
ver a las prostitutas bordando tristemente
en los portales,
mientras las milicianas ocupan sus trincheras.

MOTIVACIÓN

Para contarte de mí,
de este mundo enigmático y complejo,
de las grandes motivaciones
que alimentan mi pecho,
anudan mis pulmones
o me hacen sonreír,
de mi inconclusa pena,
de mi modesta historia
(la historia que hoy escribo
al dorso de la aurora),
cualquier momento es bueno.
Cualquiera menos éste
en que mi pensamiento
se atrinchera en el mar de mis arterias
para resistir.

HORA FINAL

Hoy tú eres la meta
y el punto de partida,
la brújula, el imán,
el círculo del sol tejido de cadenas.

Yo soy el óxido, la tempestad,
la grieta,
el último latido de la noche.

Algún día los dos,
vestidos de cenizas,
seremos exactamente iguales.

GRANO DE LUZ

Deja que soplen, Madre,
estos vientos oscuros;
que todo el polvo del camino
se nos venga a la cara
y el sudor del olvido
nos inunde los huesos.
Deja que se emborrache el sol
bebiendo las cenizas de la cárcel
y el perro del Señor Presidente
alce su pata húmeda
sobre la tumba de los náufragos.
Deja que el gallo y la lechuza
den su voz
al ombligo arenoso de la madrugada,
que la rana estornude y se reviente,
que se enrede el insecto
en el hilo imantado de la araña.

Deja que el niño que fui un día
ponga el grano de luz que hurté a tu vientre
en la santa semilla, que mañana
hará arder en pan blando el universo.

NI SIQUIERA MI OFICIO YA ES EL MISMO

(Amo tanto la libertad,
   que anhelando graduarme de ingeniero
   abandoné los estudios y me hice pescador).

Antes andaba por la arena
reventando sargazos
con mis azogados piececillos,
hurgando entre las patas encrespadas
del cangrejo,
orinando en las cuevas de la araña peluda.

Por entonces mi pueblo era tan sólo
una copa de arena,
un pez encaramado en la punta de una piedra.
No había escuelas estupendas
(ni estupendos guerreros internacionalistas),
sino una vieja casona
donde nos enseñaban
que dos más dos son cuatro,
y que por encima de todo
estaban mamá y papá.

Recuerdo que una vez por semana
cantábamos a coro el himno de la Patria,
poníamos rosas blancas en el busto del Apóstol
y besábamos la estrella
de nuestra única bandera.

Que andábamos descalzos. Ya lo sé.
Pero mi abuelo me decía
que la dignidad no estaba en los zapatos.
Yo me encogía de hombros
sin entender un bledo;

sin embargo me sentía feliz.

Hoy miro la playa de mi infancia
coagulada de surcos cenagosos,
tan llena de algas rotas y naufragios
y aceradas trenzas de espino
que a veces la vida se me antoja
la suela de un zapato a la deriva.

¡Todo ha cambiado tanto!
Ni siquiera mi oficio ya es el mismo.

LAS OLAS DE CRISTAL

COMO UNA OLA

Desnuda tú
sobre la palma de mi mano…
¿Quién lo iba a imaginar?

Tu geografía toda,
de blanca resonancia,
se parece a los sueños
de mi infancia.

Eres como una ola
dentro de una guitarra.

POR LA PUERTA DEL ALBA

Has entrado en mi vida
por la puerta del alba,
como una marejada
de agua dulce y salada.
Y te amo, te amo tanto
que al escuchar tu nombre
siento el gorjeo azul
de un pájaro invisible
que canta en mis arterias,
porque te has adueñado
de mi sangre insondable.

Ya no eres sólo un sueño,
un rostro inaccesible.
Ahora toda la luz
de tu cuerpo derramas
sobre este cuerpo mío,
hecho de arena y brisa,
para que cada noche
puedas borrar sus playas
con tus labios sedientos
de agua dulce y salada.

DESPUES DE TI

Después de ti
nada me alcanza
ni me sobra;
nada queda en las calles
que me adeuden.

Todo termina donde acaban
las tibias conchas de tus pies,
tu vientre de jazmín resucitado,
el trébol de tu piel radiante
por donde subo descalzo
a las estrellas.

UN PEZ VOLUNTARIOSO

Eres un pez que flota
en busca de mis labios;
un pez voluntarioso
(siempre dispuesto a todo)
que no entiende que hay redes
tendidas en el agua.

Tu playa es una sola:
mi boca, breve, en llamas...,
y hacia ella vas,
con alas de gaviota,
dejando atrás
la inmensidad del mar.

DOS MANSAS MARIPOSAS

Las mansas mariposas de tus senos
tienen alas azules,
como el cielo,
como el azul trino del mar,
como la aurora
que en mis fugaces horas de alegría
duerme en las mustias conchas
de mis manos.

Alas tienen tus senos, milagrosas,
alas como el fulgor de la montaña,
alas como el palmar,
como la alegre alondra
que en mis sueños
revolotea en el ojo de mi almohada.

DESNÚDATE EN MIS VENAS

Nos han roto la flor de la esperanza.
Agrias cadenas nos anudan la estrella.
El poema, la música del alma,
todo lo bueno que intentamos compartir,
fue echado al fuego de una fragua loca.
Pero no importa, cascabel de nácar.
Las razones absurdas no merecen
que perdamos el sueño.

Aunque nos pongan espinas en los labios
siempre habrá tiempo para sonreír,
para el diálogo franco,
para atrapar el beso fugitivo
que rueda por el viento
persiguiendo el alba.

No te angusties.
Como las aguas de un lago subterráneo,
desnúdate en mis venas.
Somos la sangre palpitante,
la realidad del barro
que se hizo carne vigorosa
y hoy nos reclama una playa lejana
para hacer el amor sobre la arena.

ANHELO

Seré tuyo en la lluvia,
en las hojas,
en la garganta de los pájaros,
en las alas del viento;
tuyo en los clavos de la cruz
(si me lo pides),
en cada eslabón de las cadenas.

¿No has descubierto aún
que soy parte inseparable
de tu cuerpo?

UNA CALLE AL FINAL

Una calle al final, entre tus labios
con flores amarillas encontraré a mi paso;
una calle hacia el sur de tu dulce locura,
esa locura tuya, de miel y porcelana.

Nada, que ya no sé lo que escribo,
te confieso.
Se me confunden las ansias
con tus senos,
la tierra con tu voz,
con mis dos piernas
que esperan por el viaje decisivo.

PRISIONERO

Vierte tus lágrimas sobre mi soledad.
Que las sienta corriendo por mis venas.
Dame un beso después,
un beso de esos tuyos,
insondables,
y duérmete en mis brazos
mientras repito que te amo
y acaricio la palma de tu mano,
donde ahora eres tú
quien me tiene prisionero.

JUNTO A LAS YERBAS TÍMIDAS

Cuando estemos los dos
en el mismo camino
(ese que tú proclamas
en tus noches vacías),
mezclaremos el agua,
el pan de nuestros cuerpos
y al final,
como novios náufragos del destino,
dejaremos un beso
cubierto de rocío
en el barro que crece
junto a las yerbas tímidas.

LA MEJOR LOCURA

Estás metida dentro de mis brazos,
dueña total de todo mi horizonte,
dc cada soplo de mi voz metálica,
de ese color de fuego
con que me han pintado las pupilas.

Estás metida dentro de mi piel,
dentro de mis venas cautivas
que a chorros de dicha se desangran.
Hacemos el amor a la intemperie
entre las patas de una garza que sonríe.

Somos el símbolo de la mejor locura,
dos locos que cabalgan sobre el tiempo.

EVOCACIONES

Busqué tu voz antes de conocerte.
Eras entonces un palpitar de estrellas
en la noche callada,
un crujir de pisadas en la arena.
Tu piel tenía el color de aquellas algas
que vi flotar sobre las olas de mi infancia.

Toqué tus manos antes de que tuvieran
alas para subir por el viento de la tarde:
tus manos de papel, de terciopelo.
Toqué tu cuerpo de algodón,
de fibra vegetal,
tu cuerpo de agua tibia,
frágil como una cáscara de huevo.

Quería saber si en realidad
eras un beso con rostro de mujer,
o eras tan sólo un sueño.

LA PRIMERA NOCHE

Muy bien,
ahora me dices
que no me quieres tanto,
que el paso es arriesgado,
que no debemos encender la hoguera.
Y yo, pacientemente te miro,
me sonrío
y apago la luz,
porque sé que te quemas por dentro.

LA PÁGINA FINAL

¿A dónde iría sin ti
que no me crezcan
espinas en los ojos…,
que el corazón
no se me arrastre por la tierra?

Sin ti, ¿qué sentido tendría
romper estas cadenas,
saltar las alambradas del silencio?

¡No!, aquí me quedo, amor,
me quedo para siempre.
Voy a bajar al polvo lentamente,
para que escribas
en las manos de un niño
la página final de nuestra historia.

NO HABRÁ INVIERNOS SIN BRASAS

Sobre tu cuerpo
he de encontrar un día
la llave milagrosa
y esa puerta que hoy busco
en los viejos zapatos.
Mis noches empozadas
ya no serán volutas de papel
prisioneras del viento,
ni gacelas en fuga.

No habrá inviernos sin brasas,
sin pan para mis labios;
para esos labios míos
de acariciar tu boca,
de acariciar toda
la isla de tu cuerpo
de la hoja a la raíz,
de costa a costa.

Sobre tu cuerpo
he de encontrar un día
la playa de mi infancia;
esa guitarra de arena azul
y algas
que canta a media noche
como un pájaro insomne,
cuando tu tibia piel me llama
con su voz de agua.

VERDE CLARO

Ahora todo es más verde,
verde claro:
vas tomando la forma de una hiedra.
Te alimentas del tronco,
de la raíz,
de toda la naturaleza
del árbol de la vida.
Subes y bajas
por esa cuerda invertebrada:
trenza mágica,
donde empiezan tus manos
a florecer de nuevo,
donde florecen todos tus metales,
tus dos conchas de arroz,
los granos de maíz
que desordenan
tu sangre enamorada.
No va quedando
más que un punto indescifrable
bajo el ala de tu corazón,
más allá de tus senos,
del boscaje de tu loca cabellera,
de tu imantado vientre,
donde todo comienza
y todo acaba.

LA VERDADERA PIEDRA

Ahora que has puesto
sobre mis labios oxidados
la verdadera piedra del amor,
camina sin temor
entre los agrios guijarros del camino.
Ya nada detendrá tu paso,
ni siquiera un arroyo sin cauce,
una vieja bisagra,
o una hermosa puesta de sol
en los espejos.
Detén en este instante los relojes,
el tremolar de la brisa marina,
el llanto de las caracolas.
Haz que nazca de un beso
un lindo girasol.
Luego,
pídele a Dios una racha de viento
que abra a medianoche
mi ventana de rejas,
y pueda yo saltar
desde esta sombra inútil
que me anuda
hasta la sombra fértil de tu cuerpo,
que es peldaño de luz en mi destino
y razón esencial de mi existencia.

ESCRIBO PARA TI

Esta noche escribo para ti.
No importa donde estés
ni que una gruesa pared
se interponga
entre tu almohada y la mía.
No importa
que esta luna que flota
en mi ventana
sea una simple pompa de jabón,
un huevo de gaviota
o una verde cáscara de fruta;
que estén muertas de frío las palomas
de tus muslos de menta,
donde a veces me embriago
y muero…, y resucito.

Esta noche escribo para ti.
Es lo más importante;
casi lo imprescindible
para acabar con el tedio,
con la bruma
que envuelve los recuerdos
de tu voz
- tibia gota de luz en los espejos -;
tu voz, hecha de tinta

y el más dulce papel
para mis ojos.
Y recuerdo esta noche
esas ágiles manos tuyas de mujer
con que haces el pan
y el vino del amor
que me regalas cada madrugada
para borrar toda mi sed,
las engarzadas hambres
de mis venas vacías.

ETERNIDAD

He pasado la noche junto a ti,
sobre el azul sereno de tu lecho
donde todo huele a amor,
a eternidad,
a ese camino de apacible ensueño
por donde me llevas de la mano
a todas partes
sin distancia y sin tiempo.
He pasado la noche, dulcemente
chapoteando en la playa de tu boca,
entre las cálidas briznas de tus labios,
trepando por el filo de tus senos
hasta el firmamento.

(Ahora todo tiene sabor
a pleamar,
a luna llena).

MALA MEMORIA

Caminas por el borde de la acera.
Vas buscando un destello,
un latido de tu hombre total,
irremplazable.
No sabes dónde hallarlo,
dónde está su raíz,
su cáscara, su fruta,
ni un fragmento siquiera de su cuerpo.
Necesitas hacer algo:
gritar, interrumpir el tránsito…
Pero te aguantas
porque quieres ser juiciosa.
Estás triste, asustada.
Te lamentas de tu mala memoria,
de no haber dejado la lámpara encendida
mientras hacías el amor
con ese hombre tuyo
hecho del más dulce bambú.
Tienes deseos de llorar,
pero te muerdes el labio.
Muerdes también el lápiz
con que escribes su nombre…
sobre el agua,
en el cristal de la brisa andarina,
en las alas del viento.
Tienes deseos de llorar,
y te avergüenzas
de estar ahora desnuda en plena calle
bajo la lluvia pertinaz
de este día sin fecha.

OBSESIÓN

Creo que estás un poco obsesionada,
que el amor te ha ganado la pelea.

Dime, tú que todo lo sabes,
tú que tienes luz propia
y fibra vigorosa en tus arterias:
¿Qué harías con tu sangre romántica,
incendiaria
(caudal vertiginoso)
si el escorpión se perdiera por tu culpa,
si su voz se atascara
y se ahogara, de pronto,
para siempre?

Creo que yo también estoy obsesionado
(¡era lo que faltaba…, Dios me salve!),
que te amo hasta el dolor,
y me entristezco
cuando tus senos se vuelven giralunas
y en vano me reclaman en el lecho.
Cuando te siento sollozar
entre mis párpados
esperando mi abrazo, que no llega
porque agrias cadenas entretejen
estas dos alas mías
de frágil papel verde limón.

CONFESIÓN

Enamorado estoy
de la luz de tu alma,
de tu afelpada boca,
de tu voz musical
(paloma de agua
con alas vigorosas).

Enamorado estoy
de tus tímidos senos,
de tu apacible andar,
de la mágica lumbre de tu cuerpo…
Ya ves, al fin te lo confieso,
bajo esta luna preñada de rocío
donde el alba florece
y se derrama
cuando hacemos el amor en los espejos.

MI BESO DE MAR

Son exactamente las doce de la noche.
Aquí te va mi beso sutil,
de caracolas;
mi beso de arco iris,
de agua dulce y salada;
mi beso de borrar todas las horas,
de andar sobre la arena de tu vientre
reptando como un náufrago,
como un ave sin alas.

Aquí te ve mi beso invertebrado,
tenue como el cristal de tu ventana;
mi beso de contar viejas historias,
de subir y bajar
por los peldaños de tus senos crujientes;
mi beso sordo y mudo,
sin ropaje,
travieso como un niño vivaz,
como una mariposa.

Cuídalo, amor,
que es frágil y se rompe
si lo dejas caer
por un descuido de tus labios.

PRESENCIA

Ya estás tendida, al fin,
junto a mi almohada,
en medio de la noche que esperábamos.
Estás con todo el ancho mar de tus anhelos,
con todos los fulgores de tus ansias.

La magia de tu alma crece y crece
entre las brasas de mi fantasía…,
mi dulce fantasía hecha a tu antojo,
para amarte rozando las estrellas
entre los albos planetas
que habitan las palomas de tu mente
y los peces que tejen mi imaginación.

Con la luz de un latido incandescente
buscan tus manos
el equilibrio de mis manos,
dejando atrás la curva del crepúsculo
perdida en la distancia.

Ya estás tendida junto a mí.
Tu piel florece
en ronda de cristales y colores.
Un gorjeo de luna son tus ojos;
tu sonrisa…, un poema de amor,
un gran poema.

LUCEROS DE ESPERANZA

En el cálido espacio de mi almohada
donde tejo de luz mis ilusiones,
vibrante está el boscaje de tu boca,
está el tenue suspiro de tus labios.

Tatuadas con mis besos, tus mejillas
parecen dos luceros de esperanza.
Por eso, poco importa que esta noche
no haya flores, ni trenzas,
ni palomas
anidando en el pozo de mi almohada.

UNA NOCHE DE LLUVIA

Derribaré tu cuerpo
una noche de lluvia.
En tu boca anhelante
pondré las brasas mías.
Levantaré un andamio
desde tus pies descalzos
para alcanzar la estrella
de tu seno maduro.
Luego, cuando amanezca,
sobre tu vientre tibio
escribiré un poema
para que no me olvides.

AUSENCIA

Amor, en cada calle te busco inútilmente
y te busco en el breve remanso de las olas
sin encontrar tus pasos,
sin tener una huella de tu afilada mano.
No sé… ¿Será que ya no existes?;
¿que a otro mundo, de luces y colores
te has ido de repente?
¿Volverás algún día en el eco del viento?

A veces me pregunto
si habrás ido de compras
o si estarás ahora escribiendo un poema
en las alas de un pájaro
que perdió el horizonte.
No sé, pero te extraño
cuando llega la noche
e inútilmente busco tu voz
entre las lianas que anudaban ayer
las brasas en la hoguera
de tu piel en mi piel
chisporroteando ensueños.

TERNURA

Cayó la noche, y un susurro
de palabras ausentes
cinceló de esperanzas
mi razón para amarte.

Era tu voz, desnuda,
tatuada con mis besos,
un alba incandescente
con alas vigorosas.

Era tu voz las olas
que acarician la playa
y la espiral del viento;
una paloma blanca
anidando en el cielo.

Alegres mariposas, tu voz,
libando tiernamente
en los verdes cristales
de mi alma florecida.

Cayó la noche, sutil,
y finalmente,
eras aún la misma lluvia de ayer,
la pertinaz lluvia de ahora,
la de siempre,
que inconteniblemente
inunda mis arterias
a pesar de la ausencia,
del tiempo envuelto en gasas.

ETERNIDAD

Tu amor es como un pez
que nada entre mis venas,
un girasol de luz
iluminando mi alma
en estas noches de alas
clavadas en la cruz;
estas noches sin playas,
sin gaviotas azules
anidando en los parques
de mi imaginación.

Tu amor, espuma blanca
que cabalga en las olas,
es faro de esperanza
para mi voz en llamas;
arpa de mi garganta
para gritar al viento
que te amo en cada espejo
y en cada golondrina
que anida entre mis manos
de acariciar tus ansias
ancladas en mi cuerpo.

Prisionero del tiempo,
tu amor
es como un eco
en cada flor que nace;
brizna de luz perpetua
que ilumina mi vida;
el poema de un alba
que cabalga a horcajadas
sobre una caracola
de polen y rocío,
para engarzar las horas
de amarnos ciegamente
hasta la eternidad.

EN LAS ALAS
DEL VIENTO

"La noche cae y se cierran las flores.
¡Deja que me siente a tu lado; y dile
a mis labios que hagan lo que sólo
puede hacerse en silencio, a la tenue
luz de las estrellas!"

-Rabindranath Tagore-

PRIMOGÉNITO

Antes de que naciera mi hijo
yo le inventaba un rostro
y otro rostro
tallando a todas horas sobre el barro,
en el polvo del arco iris,
en la corteza de los álamos más tiernos.

-Anda, amor mío, ven - me decía mi esposa-,
pon tu mano en mi vientre
que está tu mar fraguando en mis arterias.

Mil veces dibujé su mejilla
en violetas y anémonas,
e intenté hacer con polen
su primera sonrisa.
Pero nunca lograba el toque mágico.

-Anda, amor mío, ven -me decía mi esposa-,
pon tu mano en mi vientre
que ya las mariposas
están tejiendo el alba.

Me iba loco y descalzo
por la orilla del río,
recogiendo piedrecitas azules
que luego conjugaba
sobre un perfil de ensueño.

-Anda, amor mío, ven -me decía mi esposa-,
pon tu mano en mi vientre,
que está la primavera abriendo el párpado.

Hice angustiado, al fin,
un molde indescifrable
y en él vacié mis venas
y eché un jirón de mi alma.

-Anda, amor mío, ven -me decía mi esposa-,
pon tu mano en mi vientre
que el arbolito nuestro ya está en flor.

ALUMBRAMIENTO

Desperté de repente
entre el graznido de los gansos silvestres.
Cruzaban sobre el puente
sosteniendo la noche con sus alas nevadas.
Al otro lado, un campo de cerezos
y una cerca de piedra
bordeando el ruedo gris del horizonte.

La luna se apretaba
contra las ubres de las vacas
y hacía caer la tibia leche en mi garganta.

Desperté de repente
y me encontré desnudo
chapoteando en el agua verde de las charcas,
trepando en espirales por el filo del viento
con un barquito de papel entre mis manos.

Entonces comprendí
que un nuevo rostro se hacía luz
en los cristales apedreados.

(Mi hijo comenzaba a nacer
en ese instante).

CANTO A MI HIJO

Hijo, yo canto para ti
desde el fondo del pozo,
desde la rama triturada por los simios,
desde los parques clausurados por la ira.

Está ardiendo el estanque
-dicen todos-,
y las mariposas se han ido a hacer sus nidos
en los viejos palomares.

Yo te canto al oído
cuando fluye la noche de los montes
y los astros se empinan
sobre los barandales.
Nada acalla mi voz:
ni la rabia del búfalo apedreado
ni el ulular de las agrias sirenas…
Te canto, y doy mis alas
al viento encabritado de los páramos,
al mágico violín de la cigarra.

La higuera de mi pecho está pariendo
la flor renovadora de los campos.
¿No escuchas sus latidos de cromo
vibrando en los cristales?
¿No sientes el temblor de sus pétalos
anunciando el despertar de la vida?

(Es tu hora, hijo mío. Anda,
ve y moja tus encías en los manantiales).

ASÍ LO QUISE YO

Mi hijo es tan pequeño
que a veces se me pierde entre los dedos.

Así lo quise yo,
para que pudiera trepar al arco iris
por un hilo de seda
y correr por los túneles de las hormigas
hasta el centro mismo de la Tierra.

Cuando venga el tiempo de las flores,
mi hijo se irá con las abejas
y aprenderá el oficio de las mieles
(las abejas también le enseñarán
a trenzar la cera de los cirios).

Mi hilo es tan pequeño
como el ojo de un mirlo.
Así lo quise yo,
para que pudiera tenderse
sobre mi hombro
a contar las estrellas
 y a andar sobre los mares
con sus botas de mimbre.

Cuando venga el tiempo de las nieves,
mi hijo se irá con las ardillas
 a vivir en el tronco del nogal,
y allí le enseñarán el oficio
de desconchar las nueces
con sus dientes de lluvia.

Ay, mi hijo es tan pequeño
que cabe en una gota de rocío.
Así lo quise yo,
para que no pudieran
cercármele con rejas el camino.

DESTIERRO

-Vámonos hijo,
que aquí ya no nos quieren;
somos seres extraños
en nuestra propia casa.
Parece que nadie nos comprende
y por eso nos echan a la calle…
Pero ¡cambia esa cara,
no te aflijas por eso!
No, no. No llores hijo mío.
Ni tú ni yo tenemos la culpa
de que esté ardiendo el manantial.
Ven. Nos iremos al mercado de los pájaros
por la avenida de los álamos,
y compraremos miles de ruiseñores
para que nos canten
durante todo el recorrido hasta la playa.
Por la noche, cuando la luna se derrame
sobre la cúpula dorada de la iglesia,
todos estregarán sus ojos
deslumbrados de encanto,
y en ese instante nos escurriremos calladitos
hasta el fondo del mar.
Allí estará esperándonos
un hermoso carruaje de conchas y algas,
con doce hipocampos de zafiro
que nos llevarán como volando
bajo los arcos coralinos de los puentes.

-¿Y me dejarás llevar las riendas, Padre?

-Las llevarás,
que para eso has aprendido
la ruta de los astros.

¿Y me permitirás que yo mismo dé de comer
a los briosos caballos
toda la averna que lleve en los bolsillos?

-¡Toda la avena del mundo les darás!

-Y cuando hayamos cruzado ya los hondos mares,
¿dónde fabricaremos nuestra nueva casa?

-En la colina de los girasoles azules.
Y ¿sabes, hijo?, no tendrá verjas,
ni ventanas de hierro,
ni alambradas de espinos
que cierren el camino a las estrellas.

¡Vámonos, Padre,
por la avenida de los álamos
hacia el mercado de los pájaros !
Pero, te juro que yo no entiendo
por qué nos echan a la calle.

TESORO

Nuestro amor, hijo mío,
nuestro amor
es más que la palabra redimida,
y más que el brillo perfecto de los astros.
Más que la fuente donde los pececillos
hacen sus nidos de colores
entre los pétalos
de sus burbujas afelpadas.

Cuando tú me sonríes,
en ese instante está de pie la ternura
sobre la nuez del mundo
(arpa y fuego y relente
germinando en los charcos de mis venas).

Más de veinte siglos estuve buscándote.
Toqué en todas las puertas.
Hurgué en el trigo nuevo
y en las espirales de las caracolas.
Removí todo el bronce de los campanarios.

Eras entonces apenas un hilillo de polen
imperceptible al párpado,
una llamita tenue
escapada de un óleo indescifrable.

Al fin, un día de frío
te encontré tiritando
en el cristal de mi ventana,
hecho un coagulito de luz.
Y te me diluiste entre los labios
al primer contacto
para que yo te moldeara con mi aliento,

y te pusiera un eco
y un latido de música en tu pecho.
Y...¿ya ves?
Nuestro amor, hijo mío,
nuestro amor
es más que el primer rayo de la aurora,
más que toda la miel
empozada en los troncos de los árboles.
No temas al silencio de mis venas:
yo no te cambiaría,
por todos los tesoros de la Tierra.

MI HIJO EN MÍ

Mi hijo está en todas las cosas que yo anhelo
y en todas las cosas que yo amo.
Es la cigarra brava
que me canta en las grandes tormentas,
y el gusanillo manso
que anida en mis arterias
cuando la primavera estalla
en el ojo de los girasoles.
Por sus poros respiro
cuando atascan con espinas
mis pulmones.
Cuando los párpados me borran
con tizones de sombra,
por sus pupilas veo.
Vino es su alegría
para mojar mis labios agrietados;
faros sus huellas diminutas,
por donde yo transito victorioso
sobre riscos oscuros
y océanos de lava.

Mi hijo está en todas las cosas que yo toco:
rejas, pincel, buriles,
libros, fusil, proyectos.
Por su piel, me desangro sonriente
sobre el cuerno más áspero.
Por su nombre, me empino
sobre mis verdes llagas.

DESDE TUS HOMBROS

Tu risa cristalina es trino mañanero,
ascua templada por el sol
que se abre y se desdobla
en los hilos oscuros de mi almohada.

Aquí, donde la vida pierde el rumbo
y se agrieta la sangre,
está tu lumbre germinando horizontes.
Detrás de cada espacio clausurado
hay siempre una fértil semilla
empujando la tierra;
basta sólo escarbar en los rincones.
Esa semilla mágica que un día vaciamos
en un molde de pétalos majados
y le pusimos un destello de amor.

Eres tú, hijo,
el canto que viene por la brisa
a endulzar mis oídos;
eres tú, que llegas flotando por la bruma
a rescatar la flor anegada en el barro;
que trepas por el bronce de mi puerta
y me salvas,
 y me alzas por encima de los muros
para que pueda contemplar
desde tus hombros
el vuelo magistral de las estrellas.

LA OTRA CARA DEL VIENTO

Soy la primera hoja que cae en el otoño,
un crujir de cenizas oxidadas
en el fondo de un pozo.
Pero aún tengo tu voz
por donde subo a la montaña
en un potro de fuego.

Tengo el perfil gastado
por la erosión del tiempo
(las olas me golpean en la misma mejilla
de noviembre a noviembre).
Pero en tu rostro de lucero infantil
como en chorros de luz
renazco cada día.

Soy el árbol tatuado
con consignas inútiles.
La otra cara del viento
(la que no se permite).

Soy todavía más:
un eslabón de historia;
un granito de luz irreductible,
que sigue aún de pie
entre los agrios muros,
donde por ti, hijo mío,
me empino y multiplico.

SOBREVIVIENTE

(… En fin, hoy puedo asegurarte
que no estamos tan solos
como han querido hacernos creer
nuestros adversarios).

Me alimento con cáscaras de avellanas maduras
y con briznas de lumbre
que robo a las estrellas.
Tengo amigos de cal, y amigos de diamante,
y una casa de acero
con puertas que sólo se abren hacia adentro
(pero como aquí no hay muebles
no estorban para nada).

Apenas se descorre el postigo del alba,
ya está el pájaro fiel
picoteando las cenizas de mi hombro;
ese pájaro hecho de bruñido bambú
que me canta al oído,
y me desdobla la suela del zapato
para que pueda continuar la marcha
sobre el diente de perro.

(La higuera del camino
me da los "buenos días").

Tengo, además, los ríos
donde lavo mis ropas oxidadas.
Los ríos de aguamiel
cuajados de esperanza.

¿Qué más puedo pedir,
si el barco se ha ido a pique
y he logrado alcanzar la orilla a nado.

LA FLAUTA MÁGICA

Toca la flauta, hijo,
que el tiempo nunca espera.
El hombre ha de tener el alma
en su instrumento,
ese que llega a la raíz más honda.

¿No oyes la catarata
tocando su arpa mágica,
su tamboril de nardo y amatista?
Y el ancho río, con sus teclas de oro,
¿no da su melodía al cauce que lo apresa?

No quieras que la piedra
sea gusano de seda…
Pero no dejes que crezcan malas hierbas
en la tierra que tú ames.

Toca la flauta, hijo,
aunque nadie te escuche.
Que no cese la música en tus venas.

REENCUENTRO

Otra vez has venido a visitarme,
a zurcirme la sangre
que se agrieta
de tanto recorrer calles desiertas.

Dime, ¿cómo has logrado saltar las alambradas
y echarte aquí a mi lado?
¡Mira que noche más hermosa
para contar estrellas!

Traje del monte para ti
esta hoja de trébol.
Guárdala bajo el cristal del arco iris
para que te conceda
siete instantes de dicha.

Si tú fueras, pequeño, un corderito azul,
te colgaría al cuello mi guirnalda de agua,
para que la llevaras de montaña en montaña
en un gesto de amor
que preñe las semillas y la tierra.
Pero no eres más
que un ala diminuta
prisionera en mi pecho.

LOS VERDES ARRECIFES

Nos privaron, hijo,
del pan y la palabra.

El viento encabritado del ciclón
rasgó nuestros ropajes
y echó a volar la leña
con que tú y yo hacíamos el fuego
para deshelarnos los huesos.
Fuimos mordidos en las manos
por el tigrecillo voraz que amamantamos
con el dulce seno de tu madre.
La lámpara que hicimos estalló
(estalló como el ala
del sinsonte apedreado).
Pero aún nos quedan
la fuerza de la razón,
el fuego del amor
y la palabra.

No importa el desgarrón.
Nosotros sabremos ir a tientas
por el borde de los precipicios
que heredamos.

Nada nos detendrá.
Llegaremos triunfantes algún día
a la tierra de los verdes arrecifes,
y allí, sobre el barro más dúctil
pondremos nuestras huellas digitales.

APARTA LAS ESPINAS

¡Avante, hijo! No te detengas,
que el toro está en la arena
desafiando a la tarde
con sus cuernos de sílex
y el público reclama tu presencia.
Vete a engarzar tu lumbre
en las mustias gargantas,
para que no le falta colorido
a la gran fiesta.

¡Avante, hijo! ¡A paso de valiente!
Es hora de echar la semilla de trigo
en el óvulo maduro de la tierra.
¿No escuchas el zureo de la tórtola
anunciando el despertar de los montes?

Aparta las espinas con tus labios
y bebe de mi vino,
por amor a los náufragos,
por amor a la cruz
que ilumina la cumbre viril de la montaña.

Ahora que el tiempo está en tus manos
y todo lo puedes,
clava tu espada de marfil
en la cerviz arrogante de la bestia.

(Cuando brote la espiga,
si no estoy
sigue siempre adelante,
hacia la luz cristalina de occidente.

LA TORMENTA

El viento había cesado.
Sentados sobre un tronco derribado
esperamos el alba.

Mi hijo disfrutaba
viendo las codornices escarbando la tierra.
Las más golosas llegaban a sus pies
a recoger las migas de maíz
que brotaban de entre sus dedos ágiles
como espigas de oro.

Yo apenas me atrevía a respirar
por miedo a desbandarlas.

-Dar muerte hasta a una bestia, me decía,
deja un sabor amargo en la garganta.
¿Por qué no me enseñaste, padre mío,
la flor de la palabra y no la espina
que arde en las arterias?

El cielo se cubrió sobre las gradas
de extrañas filigranas fluorescentes,
que a poco iban cayendo
entre lenguas de fuego
en el hondón inmenso del poniente.

Mi hijo no atinaba a reponerse.

-¡Vámonos ya!, le dije,
estamos solos.
El público ha cerrado las ventanas:
parece que mañana habrá tormenta.

BALANZA

He aquí la balanza que esperábamos, hijo.
Nos llega en una barca
de otros mares. Ya ves,
el parto ha tenido que ser sobre la cruz,
en un país remoto, allende las estrellas.
¡Mira cuántos colores
para pintar las huellas de tus pasos!
Ahora podrás crecer
libre como los juncos.
¡Cuántos tonos de luz
para mezclar el óleo de tus labios!

(Mi hijo sonreía entre mis brazos.)

Luego vinieron las abejas, mimosas,
con sus mieles cuajadas de rocío.

El sol iba trepando mansamente
por una telaraña de dulzura.

A ratos, un temblor de azogadas campanas
bajaba por la luz del arco iris
y estremecía los cálices
jugosos de las flores.
El polen esparcido
hacía perder el rumbo a las abejas.

-¡Al cielo! ¡Al cielo, tontas!,
les gritaba mi hijo.
¿No ven que el Universo está pariendo
una balanza de ternura?

RELEVO

Cuando te vayas, Padre,
por el filo del tiempo,
déjame tu guitarra y tus versos
para seguir cantando cada día
a las blancas gaviotas
que te estarán buscando
en el agua mansa de la fuente.
Yo iré de pueblo en pueblo
contándoles tu historia a las hormigas,
al junquillo que vive en la lengua del río,
al niño que camina descalzo por la vida.
Todos conocerán entonces
que era tu pecho de un metal transparente
y que en tu frágil hombro anidaban
la paloma y la rosa, la cierva,
el gusano de seda.

Cuando te vayas, Padre,
sin rumbo de tambores,
sobre el lomo de la brisa andarina,
déjame tu fusil de papiro,
tu acordeón de hojas secas,
la melodía mágica de tus venas cautivas.
Yo iré de pueblo en pueblo
en tu caballo blanco,
soplando el caracol
en los oídos de los hombres
de rostro irreversible.

LA HORA NUESTRA

Esta es la hora que esperábamos, hijo.
Ha llegado el momento
de echar a andar sobre los mares
con las antorchas encendidas,
de arrojar los escombros
por las humeantes chimeneas
para que el viento
las convierta en olvido.

Nada valió que el barro
nos enturbiara el párpado;
nada el hedor de las cloacas
ni la acritud de los archivos policiales.

Ahora deshollinaremos los huertos,
barreremos los parques
y las calles,
arrancaremos las yerbas de los cementerios
y rescataremos los huesos de los nuestros
vilmente triturados.

LA TRAVESÍA

Sirio brillaba en el centro del cielo
más hermoso que nunca.
Parecía como si nos estuviese esperando
con las alas abiertas,
para iluminarnos durante todo el espacio
de la travesía.
Detrás venían los golosos escualos,
recogiendo en sus buches enormes
nuestros desperdicios.

Toda la noche estuvimos andando,
trepando por las crestas de las olas.
La marcha era muy lenta, borrascosa.
A veces resbalábamos
y en la caída
nos hundíamos hasta el cuello.
Entonces venían los delfines
a sacarnos a flote…,
Y también los laboriosos pelícanos,
que nos ayudaban a rescatar las semillas
escapadas de nuestros bolsillos.

Ya hacía mucho rato
que habíamos vaciado en las gargantas
las últimas gotas de agua
de las cantimploras,
pero seguíamos llenando
el hueco de la mano
con dulces goterones de rocío,
que aprovechábamos a veces
para enjuagarnos los ojos
hasta vencer la fatiga del sueño.

Al fin, apoyados los unos en los otros
alcanzamos la costa.

(El sol comenzaba a empinarse
sobre los verdes pararrayos
de las palmas reales).

Mi hijo, hablando esta vez en nuestra lengua,
exclamó emocionado:

- Ha tenido que ser
 después de un largo viaje
¡Pero ya estamos aquí,
con la razón y la palabra verdadera!
Hemos venido dispuestos a desclavar las ventanas
y a quedarnos en nuestra casa para siempre.
Luego se hincó de rodillas sollozando
y besó el arrecife rescatado.

LA CASA

No fue fácil
quitar las telarañas que colgaban
en los mustios rincones de la casa.

Mi madre se ocupaba de jabonar los pisos
y de arrancar el churre a las baldosas,
con una esponja azul muy blanda,
que habíamos encontrado por fortuna
entre los corales de la playa.

Era maravilloso volverla oír cantar
después de tantos años de silencio.
Parecía una alegre colegiala
con sus mejillas frescas
y su pañuelo de hilo
sosteniendo sus trenzas salpicadas de plata.

Yo quitaba la herrumbre a las bisagras
con un cepillo de alambre durísimo.
Cuatro veces me hicieron engrasarlas,
pues nunca estaban satisfechos
con el agrio chirriar que persistía
por capricho de los viejos metales.

Cuando ya todo estuvo renacido
nos dimos a la obra
de organizar el cuarto de mi abuelo.

Estaba recubierto por una humedad viscosa,
con islotes de moho aquí y allá.
¡Qué de libros y papeles nos encontramos
sobre su vieja mesa de trabajo!

Debajo de la cama descubrimos
un montón de cenizas y cabos de tabaco,
y el esqueleto de su perro Bambú
a quien cuando la huida
habíamos dejado abandonado
y aún permanecía allí,
fiel como un niño,
sin cansarse de esperar
durante muchos, muchos años.

CON LOS AMIGOS DE MI PADRE

Ya habían germinado las semillas
y el patio de mi casa estaba el flor.
Apenas los gorriones estiraban las alas
me despertaba yo con la feliz algarabía.
Saltaba entonces de la cama
y me ponía a contemplar el fuego dulce
que derramaba por la brisa
las irisadas ramas del flamboyán.
Era el más hermoso espectáculo
de cada amanecer;
una exquisita tentación
a la que nunca podía resistirme
por más que el sueño
me anudara los párpados.

Mi madre estaba ya
metida en sus sandalias de peluche,
que parecían sostenerla en el aire
revoloteando como un alegre colibrí.

A poco, mi abuelo se sentaba
en el lomo de las raíces escapadas
a contarme sus hermosas historias.

Mi madre se sentía muy orgullosa,
o al menos me daba esa impresión
por los muchos tazones de café
con que iba premiando sus hazañas.

Después que todos juntos
habíamos saboreado
las deliciosas tortas de nata y avellana
me iba yo por los parques y los campanarios
ayudando a los amigos de mi padre
a retirar las herrumbrosas alambradas.

LA CIERVA BLANCA

La cierva blanca
debió sentirse muy feliz
después que retiramos de sus patas
las filosas alambradas.

Se hallaban muchos niños a su alrededor;
tantos que ya no cabíamos en el parque
y el tránsito en las calles
había quedado interrumpido.

Todos queríamos tocarla a un mismo tiempo,
recibir en las manos
el rayito de luz que iba manando
de sus ojos dorados.

Los amigos de mi padre
también la contemplaban extasiados,
con las pupilas dilatadas de júbilo.

Mi hermana no entendía
por qué aquellos hombres desechaban
los relucientes bancos de granito
y fueros a pegarse
al filo de la tierra desnuda,
donde formaban corro
alrededor de una pipa de aromático tabaco,
que se iban pasando silenciosos
en forma muy ordenada
(primero los ancianos
y, por último,
los hijos de los hijos).

No seas tonta, le dije.

¡Los héroes siempre saben lo que hacen!
Estaban sudorosos,
y algunos con las manos sangrantes.
Pero eran heridas nobles
que no les llegaban al corazón.

Luego se fueron a sentar,
todos de cara al sol,
que ya comenzaba a diluirse
entre el naranja y el violeta del poniente.

LAS JIRAFAS

Para ayudarnos a arrancar
las filosas alambradas
de los campanarios,
vinieron las jirafas amigas.

Tuvimos que llamarlas a la selva
soplando todos juntos en un enorme caracol
que había nacido, inexplicablemente,
de una de las semillas nacaradas.

Mi hermana, que no sabía de milagros,
culpaba a los pelícanos
de haberme puesto por error
una cascarilla de concha fecundada
en alguno de mis bolsillos.

Cuatro noches con igual número de días
avanzaron trotando sobre el polvo,
sin detenerse a comer
ni un solo piñoncito de pino.

Entraron galopando a la ciudad
por la Avenida de los Náufragos,
que era toda de mármol verde-azul
muy esmeradamente pulido,
al extremo que desde el mismo oscurecer
a uno le parecía que caminaba
por el filo incandescente de los astros.

Fue cosa divertida
ver a los niños trepando por los cuellos
y luego dejándose caer uno tras otro
hasta la hondura de los lomos,
sosteniendo sobre sus cabezas
los rollos de espinos destrenzados.

A la mañana siguiente,
las ochocientas campanas de mi pueblo
lanzaron victoriosas sus repiques,
como racimos de luces renacidas.

DE REGRESO A LA SELVA

Ya de regreso,
las jirafas bebieron y bebieron
en los chorros más altos de las fuentes.

El agua era de colores diversos
y de un dulzor tan puro
que a veces embriagaba a las abejas.

Se fueron, pues, en busca de la selva
columpiando los empinados cuellos
y canturreando coplas
que apenas se les entendían.

Delante iban millones de cocuyos
con sus faroles encendidos,
para evitar que las sedosas orejas
se enredaran en los arcos de los puentes.

Mi hermana, que siempre era la última
en enterarse de las cosas,
se había maravillado tanto
en su primera caminata
por la calle de los mármoles,
que aún estaba allí,
con su muñeca despeinada y ojerosa
cuando ya amanecía.

Me la encontré danzando
y dando vueltas y más vueltas
con sus patines de peluche rosado.

-¡Mírame, hermano, me decía,
tan libres son mis alas
que ya puedo volar como la alondra!
¿Pensaste alguna vez
tener el arco iris a tus pies?

Pero yo iba tan de prisa
a continuar la obra de mi padre,
que apenas tuve tiempo
de hacerle un leve gesto con la mano
y sonreírle.

LA LIBERTAD DEL VIENTO

Al fin, una gran luz iluminó mi tierra,
y hubo ríos de amor,
y flores en los parques.
En las playas, gaviotas victoriosas
tejieron con sus alas
la libertad del viento
y el canto de los pájaros.
Nació de una paloma milagrosa
una bandera azul,
con rojas llamaradas,
y el blanco de la espuma
se hizo estrella
que iluminó la ruta de los náufragos.
Nunca más, nunca más
las míseras cadenas
nos atarán las olas y las palmas.
Nunca más el ojo del sinsonte
será como una noche tempestuosa
ni en la cruz, desnuda, sin aliento
estará agonizante
la bella luz del alba.

BREVE SEMBLANZA SOBRE EL AUTOR

Ernesto Díaz Rodríguez nació en Cojímar, pequeño pueblo de pescadores en la costa norte de Cuba, el 11 de noviembre de 1939. Estudio mecánica automotriz en la Escuela de Artes y Oficios de La Habana.

Por enfrentarse a la dictadura comunista de Cuba fue condenado a 40 años de cárcel.

Durante su largo encierro se destacó por su labor literaria y su lucha en defensa de los derechos humanos.

El 23 de marzo de 1991, después de haber pasado más de 22 años en las prisiones de Fidel Castro, gracias a una vigorosa campaña internacional, encabezada por "Of Human Rights", el PEN Club francés (que en 1989 le otogó la condición de Miembro de Honor, al igual que PEN Club de Inglaterra y el de New York), Ernesto Díaz fue puesto en libertad y se le impuso destierro. Desde entonces reside en los Estados Unidos de América.

Ha viajado por numerosos países impartiendo conferencias y participando en congresos en favor de los Derechos Humanos, además defendiendo el derecho de los cubanos a tener la posibilidad de disfrutar de un gobierno genuinamente democrático y a que se les respete su integridad física y su dignidad.

Ernesto Díaz recibió el premio Pluma de Oro (1982) por su labor en defensa de los Derechos Humanos. En 1983 recibió el premio José Martí de poesía. El pasado año, por su incansable lucha por la libertad de Cuba y su activismo en defensa de los Derechos Humanos, fue galardonado por la prestigiosa institución Kiwanis Club Coral Gables Latin con el premio Freedom Award 2010.

Como autor ha publicado: Un testimonio urgente (Miami, Fl. USA, 1977); Escrito en Cuba : cinco poetas disidentes (poesía, editorial

Playor, Madrid, España, 1978); La campana del alba (poesía, Editorial Playor, Madrid, España, 1985 y 1989); Mar de mi infancia (poesía, Miami, Fl. USA 1991); El carrusel (poesía, Editorial Betania, Madrid, España, 1994); Rehenes de Castro (testimonio sobre el presidio político de Cuba, Miami, Fl. USA, 1995); Censurés à Cuba, Antología de Poetas Presos Cubanos, Gallimard y FNAC Francia, 2002; y Piedra por piedra (poesía, Bloomington, Indiana, USA, 2008).